Los secretos de maître Pierre, notario rural

Del mismo autor* (Du même auteur)

Teatro para compañías infantiles

Traducción : María del Carmen Pulido Cortijo

La niña de los 200 peluches
Las chicas se aprovechan
Revelaciones sobre la desaparición de Papa Noel
El león, el avestruz y el zorro
Mirlito prepara el verano
No iremos más al restaurante

Novelas

Le Roman de la Révolution Numérique
Le roman du show-biz et de la sagesse
Quand les familles sans toit sont entrées dans les maisons fermées
Liberté j'ignorais tant de Toi
Viré, viré, viré, même viré du Rmi !
Peut-être un roman autobiographique

Teatro

Neuf femmes et la star
Ça magouille aux assurances
Chanteur, écrivain : même cirque
Amour, sud et chansons
Pourquoi est-il venu
Aventures d'écrivains régionaux
Avant les élections présidentielles
Scènes de campagne, scènes du Quercy
Blaise Pascal serait webmaster
J'avais 25 ans
« Révélations » sur « les apparitions d'Astaffort » Brel Cabrel

* selección de obras, consultar www.ternoise.net

Stéphane Ternoise

Traducción :
María del Carmen Pulido Cortijo

Los secretos de maître Pierre, notario rural

Publicación: 20 de julio 2014

http://www.ecrivain.es

Jean-Luc Petit éditeur / Collection Théâtre
Colección TEATRO

Stéphane Ternoise

http://www.dramaturge.fr

Los secretos de maître Pierre, notario rural

Tragicomedia en tres actos

Tres mujeres, tres hombres

Maître Pierre, notario, sesenta y cinco años, ligera corpulencia.
Yvonne, su mujer, sesenta años.
Marcel, hijo del notario, treinta y ocho años.
Florence, esposa de Marcel, treinta años.
La alcaldesa del pueblo, en la cincuentena, pretenciosa.
Stéphane Ternoise, escritor independiente, cercano a los cuarenta años.

La utilización de Stéphane Ternoise como personaje es, naturalmente, un juego del autor. Puede remplazar su nombre por el que le apetezca.

Otras versiones disponibles:
- Con cuatro o cinco mujeres: el pasaje de la Señora Deuly, visitante en busca de una casa en el pueblo, que puede estar acompañada por su hermana.
- Para dos mujeres y cuatro hombres, cuando el señora alcaldesa se convierte en el señor alcalde. La Señora Deuly y su hermana pueden intervenir para obtener una versión tres mujeres, cuatro hombres o cuatro mujeres, cuatro hombres.

Acto 1

Un pequeño pueblo del suroeste El despacho de maître Pierre Muebles antiguos. Un escritorio con el sillón del notario. Dos sillas delante de la mesa y cuatro entre las dos puertas, la primera da al exterior (a través de un pasillo), la otra a la secretaría.
En las paredes, algunos cuadros, escenas de caza y castillos.

De pie, Florence e Yvonne, con papeles en la mano.

Yvonne: - ¿Qué pasa, Florence?
Florence: - ¿Cómo ha adivinado que iba a hacer una pregunta importante?
Yvonne: - Yvonne no dice nada pero lo adivina todo
Florence: - ¡Oh!
Yvonne: - Cómo ¡oh!…
Florence: - Quería decir ¡ah!
Yvonne: - ¡Ah!
Florence: - Bueno… Ya sabe, ¡tengo que saberlo! Estoy casada con su hijo desde hace tres años, tanto profesional como personalmente, ya sabe que puede contar conmigo, vamos que tengo que saberlo a partir de ahora. ¿Por qué su marido se niega a dejar el despacho?
Yvonne: - ¡Ah!
Florence: - Cómo ¡ah!…

Yvonne: - ¡Ah! ¡Mi hijo! ¡Mi pequeño tesoro!

Florence: - Ya tiene 38 años. Tiene todos sus diplomas. Ha demostrado su aptitud en Cahors. Señora Yvonne, tengo derecho a saberlo. Siento que un secreto planea sobre esta casa.

Yvonne: - ¡Ah! Pregunte al único responsable en este despacho

Florence: - Soy su secretaria.

Yvonne: - No siempre.

Florence, *confundida*: - Pero cuando no soy su secretaria... Me habla como a un niño.

Yvonne: - ¡Ah!

Florence: - Como ¡ah!...

Yvonne: - Quería decir ¡ehh!

Florence: - Tengo que saber la verdad. A veces tengo la impresión de que su marido no ama a su hijo.

Yvonne, *que mira a su nuera con sorpresa*: - ¡Ah!

Florence: - ¿Quiere decir ¡ehh!?

Yvonne: - Bueno. Pregunte a su suegro.

Florence: - Ya sabe que siempre me responde lo mismo: "¡Eh! *Estoy en plena forma. Su marido aprende el oficio. ¡Eh! Si abandono el despacho, hay algunos que no dudarán en tratar de echarme de mi función de teniente de alcalde y de representante en el consejo intermunicipal*". Parecería que ha grabado un disco y me lo pasa cada vez.

Yvonne: - Oigo el Mercedes del señor.

Florence: -¡Ya!... Un día tendré que saberlo todo.

Yvonne: - ¡Ay, hija mía! Si crees que eres la única persona que quiere saberlo todo en este valle de lágrimas.

Maître Pierre entra, deja su chaqueta sobre el respaldo de una silla y empieza a hablar.

Maître Pierre: - ¡El idiota! Me llama al móvil para preguntarme por qué no le he informado del proyecto de línea de Muy Alta Tensión... He estado a punto de responderle *"no soy el informativo, mi querido señor"* .

Florence: - ¡Entonces le ha aconsejado revender inmediatamente!... Lo que nos dará una nueva comisión.

Maître Pierre: - ¡Eh! ¡Florence! ¿Qué pasa aquí?

Florence: - Naturalmente le habrás respondido que la línea no se hará. Que ha vuelto a hablar el sábado con su amigo el venerable y venal consejero general.

Maître Pierre: -Exactamente. ¡Eh! ¡Pues claro! Es la estricta verdad.

Yvonne: - Y por supuesto, nadie añade que este idiota pasa de nosotros, que afirma con la mano en el corazón una cosa a los que se oponen a la Alta Tensión pero sigue siendo amigo del alma del señor presidente de su partido de notables, este presidente del Pleno General, es cómplice de una central nuclear que le permite vivir como un nabab, mantener a su banda de pelotas. ¡Eh!, ¡que bella la izquierda!

Maître Pierre: - ¡Oh, Yvonne! ¿Qué pasa aquí?
Yvonne: - ¡Eh! ¡A veces tiene que salir! Me pone nerviosa, su amigo. No le votaré más.
Maître Pierre: - ¿Y a quién quieres votar?
Yvonne: - ¡Eh! Votaré en blanco.
Maître Pierre: - ¡Bah! Eso no cambia nada.
Yvonne: - ¡Eh! Votaré en rojo.
Maître Pierre: -¡Si tu padre te escuchase!
Yvonne: -Votaré verde.
Maître Pierre: ¿Pero entonces qué pasa aquí? ¿Es la revolución del palacio o qué? ¿Ha llamado alguien? (*sonriendo*) ¡Sin embargo, no llevamos un control fiscal!
Yvonne: -También tengo derecho de expresarme.
Maître Pierre: - Exprésate, exprésate, estamos en familia. Nos están jodiendo con esta línea. Aquí todos pensamos lo mismo. Qué la hagan pronto, qué cobremos las primas de Iberdrola y que los locos vendan, que los negocios arranquen de nuevo. Ahora está todo un poco flojo, ¿no crees?
Yvonne: - Han pasado algunos jóvenes, del norte, buscan una casa barata y habitable.
Maître Pierre: - ¡Barato! ¡Barato! Pero este cantón no se va a convertir en un refugio de cobradores de subvenciones.
Yvonne: - Volverán a pasar esta tarde. He pensado que la casa en frente del marginal podría servirles.
Maître Pierre: - ¡Ya no hablo de él! ¡No sabes que ha escrito una canción contra la línea! Rima "pastón" y "alta tensión". ¡Oh! ¡Empieza

a enfadarnos con sus páginas web, el tipo ese! ¡Pronto se va a encontrar con un control fiscal! Quizás adivine de dónde viene. ¡Si al menos la línea nos librase de él! ¡Qué la hagan pronto! Después de todo, las hay por todas partes. Cuando sea colocada, al menos la gente no hablará más y los precios seguirán su camino. Se insertará discretamente en el decorado, y nadie se dará cuenta, ¿qué os apostáis?

Florence: - Estoy en contra

Maître Pierre: - ¡Eh! ¡Te lanzas a la política, ahora, Florence!

Florence: - Pensar es un derecho. ¡Incluso para una mujer! Esta línea también afecta a mi futuro. Y el de sus nietos.

Maître Pierre: - ¡Oh!... ¡Desde luego, no os puedo dejar dos horas!... Tengo correo para dictarle, Florence.

Florence: - Le escucho, maître Pierre.

Maître Pierre: - ¡Florence!

Florence: - ¡Oh! ¡Se me ha escapado! ¡Estoy confundida! ¡Pero, no lo siento!

Maître Pierre: - Si se me toma el pelo en esta casa, me gustaría saber qué mosca os ha picado (*coge un matamoscas de su escritorio*).

Yvonne: - Te dejo con tu deporte favorito. Tenga cuidado con las balas perdidas, Florence.

Maître Pierre, *a Florence*: - ¡Pero ha visto un programa humorístico, su suegra!

Yvonne sale.

Maître Pierre, *sentándose, despacio*: - ¿Han tenido una discusión, mi dulce Flo?

Florence: - Es insoportable esta situación. Deseo que transmita el despacho a Marcel.

Maître Pierre: - ¡Eh! ¡Eh! Marcel, Marcel es todavía un niño. ¡Eh! ¡Estoy en plena forma! ¡No soy agricultor!

Florence, *que le interrumpe*: - Es insoportable, esta situación. Si no, dejó el estudio

Maître Pierre: - Oh mi Flo.

Florence: - ¡No soy tu Flo !

Maître Pierre: - Florence… No digas tonterías (*pone su mano derecha a la altura del corazón*). Mi corazón se desboca sólo con esas palabras.

Florence: - Marcel está exasperado. No entiende por qué no le ama.

Maître Pierre: - ¡Exasperado! ¡Ah!

Florence: - ¡Ah! ¡Oh! ¡Eh! ¡Los oigo a lo largo de todo el día!

Maître Pierre: - ¡Eh! ¡Así es la familia! Se acaba teniendo expresiones comunes.

Florence: - Bueno, ¿un día se lo transmitirá, el despacho? ¡No se ande por las ramas, como diría mi amiga Corina! ¿Sí o no?

Maître Pierre: - ¡Eh! ¡Pues claro! Naturalmente. ¡Habrá que hacerlo!

Florence: ¿Y cuándo?

Maître Pierre, *mira fijamente a Florence*: - Acércate.

Florence: - No es necesario.

Maître Pierre: - Las paredes a veces tienen oídos.

Florence hace una mueca de desaprobación pero avanza. El notario pone su mano derecha sobre el vientre de su nuera. Quien da un paso atrás.

Florence: - ¡Ah, no! ¡Estamos de acuerdo! Aquí jamás.

Maître Pierre: - Bueno, esperaré al miércoles.

Florence: - No sé si habrá finalmente un miércoles

Maître Pierre: - ¡Oh!

Florence: - ¡Así es!

Maître Pierre: - ¡Ah! ¡Siempre he sabido que algún día habría que contarte todo!... ¡Eh! ¡Por qué no ahora!

Silencio Florence mira al notario preguntándose qué nueva estratagema inventa. Ella cruza los brazos.

Maître Pierre: - Estoy de acuerdo en dejar el despacho a tu marido a finales de diciembre Como asociado naturalmente. No voy a hacer como esos idiotas que se jubilan vociferando *"estoy en mi derecho"* y se pasan los días en un terreno de petanca echando de menos el tiempo del trabajo. Y mueren de un cáncer seis meses más tarde, de tanto como les ha trastornado la jubilación.

Silencio

Florence: - Asociado con Marcel, entonces.

Maître Pierre: - Todo de lo más legal. Los papeles están, además, listos. Sólo hay que rubricarlos y respetar todas las condiciones.

Florence: - Me las esperaba, las "condiciones".
Maître Pierre: - Estoy de acuerdo en aseguraros una renta mensual.
Florence, *sonriendo*: - ¡Se le ha aparecido la virgen!
Maître Pierre: - Eso depende de ti.
Florence: - Me espero lo peor.
Maître Pierre: - ¡Cómo me considera, Flo! Yo, que sólo te quiero a ti.
Florence: - Le escucho.
Maître Pierre: - Vamos a tener un bebé.
Florence: - ¡Oh!

> *Florence se desmaya. El notario se precipita.*

Maître Pierre: - Querida. Querida (*le da golpecitos en la cara, la besa*).
Florence, *abre los ojos*: - Está loco.

> *El notario la besa.*

Florence, *se da la vuelta*: - Para. Estás loco.
Maître Pierre: - No te he obligado a echarte sobre la moqueta como en mis sueños.
Florence: - Estás loco.
Maître Pierre: - Tengo mis razones.
Florence: - ¡Eso es sadismo! Quisieras que Marcel crea ser el padre de su medio hermano. Pero estás loco.
Maître Pierre, *tras haberse levantado*: - ¡No!
Florence, *se levanta:* - Tu querrías ser el padre de tu nieto... Pero me vuelvo loca sólo de pensar lo que esta infamia provocaría (*se sienta*).

18

Maître Pierre *parece reflexionar, después:* - Nuestro hijo no sería el medio hermano de tu marido.

Florence: - ¡No me líes! Has visto a algún hijo decir yayo a su papa. ¡Decir papa a su hermano!

Maître Pierre, *reflexiona, después*: - Nuestro hijo no tendría ningún lazo verdadero de parentesco con tu marido.

Florence: - Hablemos de otra cosa, he dicho que no.

Maître Pierre: - Entonces no has entendido nada.

Florence: - He entendido que estás loco... forzando a tu nuera a... a mantener ese tipo de relaciones.

Maître Pierre: - Es casi otro tema. Ambos encontramos ventajas.

Florence: - Me da vergüenza por la noche al lado de Marcel. Le clava un puñal en la espalda.

Maître Pierre: - La justicia.

Florence: - Estás loco.

Maître Pierre: - Entonces no has entendido nada.

Florence, *se levanta*: -¡Ah, me enervas! Es la segunda vez en treinta segundos que me lanzas tu *"no has entendido nada"*. ¡Como si tuviese cinco año!

Maître Pierre, *con calma*: - Crees que un hombre como yo habría podido acostarse con la mujer de su hijo.

Florence: - Y sin embargo es el caso.

Maître Pierre: - No.

Florence, *se vuelve a sentar*: - ¿Cómo que no? ¡Yo lo alucino! ¡Divagas! ¡Estás loco Pierrot! ¡Te has escuchado! ¡No! (*silencio*)

Maître Pierre: - ¿Empiezas a entender?

Florence: - Ya es hora de que me confieses todo, siento tanto un olor a secreto en esta casa.

Maître Pierre: - ¿Ya has encontrado algún parecido entre Marcel y yo?

Florence: - ¡Oh! (*a punto de desmayarse de nuevo, se apoya en el escritorio*).

Maître Pierre: - ¡Eh! Tu lo has dicho, "¡Oh!" .

Florence: - ¡Su hijo no es su hijo!

Maître Pierre: - ¡Es el hijo de tu suegra!

Florence: - Y usted se ha casado con Yvonne para obtener el despacho en dote.

Maître Pierre, *desmoronado*: - Florence, me cree interesado hasta ese punto.

Florence: - No me esconda más la verdad. Las palabras sólo sirven para mentir. No se construye nada sincero sobre la mentira.

Maître Pierre: - Cornudo.

Florence: - ¡Oh!

Maître Pierre: - El cornudo del pueblo.

Florence: - ¡Oh! ¡Usted!

Maître Pierre: - Nunca te has dado cuenta de las sonrisillas.

Florence: - Si cree que le doy la más mínima importancia a las sonrisas de la gente.

Maître Pierre: - Si no, sería alcalde.

Florence: - Creía que eso no le interesaba.

Maître Pierre: - Cuando un pueblo tan pequeño tiene la suerte de tener un notario, le nombra alcalde... Las elecciones no deberían ni siquiera existir en este caso. Soy el eterno teniente de alcalde. Los problemas, nunca los honores. ¡TSC! Todo Salvo el Cornudo

Florence: - ¡Oh!

Maître Pierre: - ¿No crees que habría sido mi momento, cuando el otro idiota se mató con el ciclomotor?

Florence: - Creía que había sido usted quien sugirió que su viuda le sucediese. ¡La viuda de un hombre condecorado! ¡En este pueblo nos gustan las medallas!

Maître Pierre: - ¡No te habrás creído eso! ¡Era bella, su condecoración! ¡Si te contase cuanto ha pagado para obtenerla! Su padre era un simple panadero, y ni siquiera el mejor del cantón, ya ves la familia.

Florence: - La señora le ha ... ¡Oh!

Maître Pierre: - Tres meses después de nuestra boda.

Florence: - ¡Oh! No podré volver a mirarle a la cara.

Maître Pierre: - Una pasión. Una pasión que ha lloriqueado. Después.

Florence: -¿Y les sorprendió?

Maître Pierre: - Detrás del boj.

Florence: - *No abra nunca esta puerta, trae mala suerte* .

Maître Pierre: - Eh, si, delante del pozo.

Florence: -¿Pero por qué no divorciarse?

Maître Pierre: - En aquella época la gente no se divorciaba. Los asuntos se arreglaban en familia.

Florence: - Por el despacho.

Maître Pierre: Oh, Florence, realmente me cree...

Florence: - No puedo creer que sea por amor.

Maître Pierre: - El amor, el amor... Incluso si te parece impensable, he amado a la madre de tu marido.

Florence: - ¿Y ella?

Maître Pierre: - Gritó

Florence: - ¿Grito?

Maître Pierre: - Ya no tengo nada que ocultarte... Le golpee la cabeza.

Florence: - ¡Usted!

Maître Pierre: - Un notario puede matar.

Florence: - Es un asesino.

Maître Pierre: - No se es un asesino cuando se mata al amante de la mujer.

Florence: - ¿Y fue usted condenado?

Maître Pierre: - Sabes bien que es un secreto. Naturalmente, el doctor certificó la caída del caballo. Se las arregló para hacerme firmar un acta antefechada justo antes, ya sabes, dar y recibir. El hijo del médico también es médico y vive en un castillo. Ahora sabes cómo llegó ese castillo a la familia. Pero él, todo el mundo murmuró, "*es muy astuto*". Tu suegra sólo os engaña a ti y a su hijo cuando llora en el cementerio.

Florence: - ¡Oh!

Maître Pierre: - Lo sabes todo.

Florence: - ¿Pero cómo puede estar realmente seguro de Marcel no es su hijo?

Maître Pierre: - ¿Realmente quieres que entre en detalles? (*silencio...* Algunas semanas después de nuestra boda, y para gran desesperación mía, dormíamos en habitaciones separadas, Yvonne fingía sufrir horribles migrañas en cuanto me acercaba a ella

Florence: - ¡Quiere decir que entre usted y la señora ...!

Maître Pierre: - La vida es raramente la vida soñada. Se tienen 26 años, se desposa a la hija del notario, se llega a notario. Y basta con que un extranjero venga a instalarse en el país, que sepa cantar bien y todo se desmorona.

Florence: - Si tengo un hijo de mi marido, llamará yayo al hombre que mató a su verdadero yayo.

Maître Pierre: - No irás a reprocharme haber reaccionado como un hombre

Florence: - Os bastaba con divorciaros y asunto arreglado. Entre las personas civilizados se sabe que todas nuestras atracciones no son más que reacciones químicas.

Maître Pierre, *sonríe*: - ¡Reacciones químicas! ¡De donde sacas esas cosas!

Florence: - El amor, los sentimientos, todo eso, sí todo eso, nuestra vida, no es más que una serie de reacciones químicas.

Afortunadamente el espíritu puede construirse con las nociones de equidad, integridad y dignidad. Y toda sociedad intenta inculcar las reglas morales que no son más que una manera de vivir juntos sin devorarnos.

Maître Pierre: - Qué bien hablas, querida Flo.

Florence: Es verdad que es insoportable que para vuestras ideas judeo-cristianas, que no seamos más que un conglomerado de átomos.

Maître Pierre: - Ves como es mejor tener un hijo mío. Así lo arreglas todo, el cornudo ya no es el cornudo. Menos uno por menos uno, igual a uno.

Florence: - La vida no son sólo matemáticas.

Maître Pierre: - Lavas mi deshonor. Vuelves limpio el nombre de tu hijo. Nuestro hijo será el hijo de la justicia.

Florence: - ¿Y Marcel?

Maître Pierre: - Marcel es un error. Nunca lo sabrá, será nuestro secreto. Incluso te podrías divorciar ahora mismo, si quisieras. Firmaré los papeles necesarios para que el heredero del despacho sea nuestro hijo.

Florence: - ¡¡¡Y si es una niña!!!

Maître Pierre: - ¡Eh! ¡Tengo una mente abierta! Ella será la heredera.

Florence: - Lo que me pides es innoble.

Maître Pierre: Ya no puedes responder eso ahora que sabes.

Florence: - ¿Pero cómo voy a mirar a Marcel a la cara?

Maître Pierre: - Sólo tienes que dejar la píldora y en tres meses le anunciarás que debería volver más veces borracho, como la noche que mantuvisteis relaciones.

Florence: - Cómo sabes que entre Marcel y yo no es...

Maître Pierre: - Sabes bien que vuestra habitación está justo detrás de la salita que a veces me sirve de despacho.

Florence: -¡Además me espías!

Maître Pierre: - ¡Eh! Cuando se ama a alguien, espiarla no es pasar la noche escuchando su respiración.

Florence: - No juegues a los románticos.

Maître Pierre: - Has salvado mi vida, Flo.

Llaman a la puerta.

Maître Pierre: - Pasé.

Entra Yvonne

Yvonne: - Necesito que me eches una mano, Pierrot.

Maître Pierre: - No ves que estamos trabajando. ¿No puede esperar la mano del crío?

Yvonne: - Primero, no me parece que estéis trabajando tanto, y segundo, si quieres comer este mediodía...

Maître Pierre, *se levanta*: - Bueno, bueno (*a Florence*) saque el dosier y redacte el preacuerdo.

Florence se levanta... Y en cuanto todo el mundo sale, va a desmoronarse en el sillón del notario.

Florence: - ¿Qué hago yo ahora? Si no me acuesto más con él, se acabo la pasta. ¡Una mujer necesita una hucha en esta país! ¡Pero tener un hijo suyo! ¡Oh, no! ¿Y no tenerlo? ¿Me hará Marcel uno, algún día? Visiblemente, el sexo y él, no son amigos. ¿Entonces?... Esto es lo que pasa cuando se es pobre y tras estudios sin salida, una se deja convencer de que, finalmente, un matrimonio por interés es preferible a una vida de cajera.

Telón

Acto 2

Misma decoración, el notario en su sillón, Florence sentada en una de las sillas delante del escritorio.
El notario lee una carta en voz alta.

Maître Pierre: - Señora alcaldesa,

En octubre del año pasado, juzgó mi solicitud conforme a los intereses de la localidad. Simplemente me gustaría adquirir algunos metros cuadrados delante de mi casa para realizar una acera y una entrada digna de nuestra histórica localidad. Esto no influirá para nada en el tamaño del cementerio ni en su capacidad para acoger los coches. Por si fuera poco, mis obras embellecerán la villa.
Tras su acuerdo de principio, mi solicitud ha suscitado oposiciones en su venerable pleno municipal.
Por lo tanto, me permito reiterar mi solicitud, esta vez de manera oficial, por correo certificado.
De este modo, o mi demanda es aceptada, o los motivos del rechazo serán comunicados. Ambas salidas permitirán poner fin a ciertos rumores sobre una decisión política, o sobre una venganza personal tras una tentativa de estafa que ha fallado...

Silencio exasperado... continua:

Naturalmente, si considera preferible, para evitar cualquier comentario sobre un enriquecimiento gracias a sus funciones, que esta transacción se efectúe en un lugar distinto al despacho de su teniente de alcalde y, sin embargo, notario en nuestra localidad, me comprometo a encargarme de los gastos de desplazamiento al despacho de un notario competente e íntegro de su elección.
Le saluda atentamente... Etcétera...

Silencio

Maître Pierre: - Se da cuenta, Florence, el idiota.

Florence sonríe.

Maître Pierre: - ¡Eso le hace sonreír, Florence!
Florence: - Muy bien expresado. Los sobreentendidos precisos, evidentes, pero ninguna difamación.
Maître Pierre: - ¡Bien escrito! ¡Eh! No se ha molestado, ¡es escritor! Debería darle vergüenza utilizar su profesión para atacarme así, "tentativa de estafa que ha fallado!" ¡El malvado! ¡El idiota!
Florence: -¡Usted ha utilizado su posición para vengarse!
Maître Pierre: - ¡Florence! ¡No irá a criticarme! ¡Nunca! ¡Me oyes! Jamás tendrá sus treinta metros cuadrados. ¡Incluso diez, ni siquiera cinco, mientras yo viva, siempre será no!

Florence: - ¿Y si el pleno municipal decide admitir a trámite su solicitud?

Maître Pierre: - Sabes bien que esa pobre mujer no tiene de alcaldesa más que el título, que no sabe nada sobre la gestión de nuestra localidad, y que, en consecuencia, no puede negarme nada.

Florence: - Pero, ¿y si te pide las razones?

Maître Pierre: - ¡Eh! ¿Acaso le pido yo sus razones? Las razones de Christine son las más conocidas del cantón .

Florence: - ¡Eres realmente rencoroso!

Maître Pierre: - ¿Rencoroso, yo? ¡Nunca! (sonriendo) ¡Como un hombre! Si como todo poeta digno de ese nombre se suicida, je estoy de acuerdo en rebautizar la calle y pronunciar un elogio fúnebre. La muerte lo absuelve todo. Incluso cuando se ha faltado a la palabra. Tengo una religión, Florence, lo sabes.

Florence: - ¡Oh! ¡Deseáis su muerte!

Maître Pierre: - ¡Es bueno para el turismo tener un poeta! ¡Nos falta atractivo! Y me había prometido mi comisión. Entre hombres, la promesa pasa por delante del derecho.

Florence: - ¡Pero sabes bien que no es legal!

Maître Pierre: - ¡Cuando se promete, se compromete!

Florence: - Sabes que no está loco. Si no te hubiera prometido tu pequeña comisión sin factura, ¡le habrías embaucado!

Maître Pierre: - ¡Los negocios son negocios, hija! No has nacido ayer.

Florence: - Entonces, hablemos de nuestro contrato.

El notario suspira, sonriendo coge su de su bolsillo un llavero, abre un cajón, saca una carpeta verde y se la da a Florence.

Florence, *se levanta*: - Bien, señor, voy a estudiar esto como un acta, ¡los negocios son los negocios!

Maître Pierre: - ¡Eh! Puedes leer aquí... ya sabes que mirarte es uno mis placeres.

Florence, *sonriendo*: - Como has dicho y yo he simplemente repetido: los negocios son los negocios.

Maître Pierre sonríe, Florence sale.

Maître Pierre: - ¡Qué mujer! ¡Ay, Dios mío! ¡Qué difícil es salvar su vida! "¡A Pierrot le gusta el dinero!" ¡Ah! ¡Si supieran donde va mi dinero! Si lo supieran dirían "a Pierrot le gusta el culo". Qué difícil es. Si supiera el mal que me ha hecho ese Ternoise negándome mi pequeña comisión. "Pierrot es el peor de los chanchulleros". Y eso que nunca he reclamado más de lo necesario. En fin (*sonríe*) todo se arregla. ¡Un niño! ¡Voy a tener un hijo! Con la mujer más bella del mundo. ¡Tendré un verdadero heredero! Es que yo también tengo derecho a la felicidad. TSA, ¡todo salvo el asesino! ¡Pero yo no soy un asesino! En tiempos de guerra, los supervivientes son condecorados. ¡Es la ley la que está mal! Algunos han hecho cosas peores, y ¡tienen la

Legión de honor! ¡Yo no voy a cargar con el fardo toda la vida! ¡Pero los mantendré recelosos! ¡Seré centenario! ¡Estarán todos en el cementerio, los que saben, los que creen saber, los que han adivinado! ¡Ya los he machacado gracias a mi dinero! ¡Les sobreviviré! ¡Les enterraré a todos! ¡Y por qué no reconocería a ese niño! Flo me toma por un burro en asuntos científicos... Pero sé muy bien que con un test de ADN, podría probar que no es mi hijo, el idiota de Marcel, ¡y probar mi paternidad! ¡Oh, Flo! ¡Si me casase contigo mi Flo! ¡Mala suerte si la vieja se suicida! ¡Mi felicidad ante todo! ¡Y nos iremos de este rincón perdido! Te mereces algo mejor, mi querida Flo...

Llama a la puerta

Maître Pierre: - Entre.

Entra Yvonne.

Yvonne: - Pierrot, tengo que charlar contigo... Pues supongo que no te has dado cuenta de nada...

Maître Pierre: - Te escucho.

Yvonne: - Florence está rara últimamente.

Maître Pierre*, sonriendo*: - ¿Rara? Has dicho rara, como rara.

Yvonne: - No ironices. Nos oculta algo. Ha cambiado.

Maître Pierre: - Florence es una joven, se parece más a su época que al pueblo, nosotros hemos tenido su edad.

Yvonne: - ¡Pero no me dado los buenos días desde hace un mes! ¡Antes nos entendíamos tan bien! ¡De la noche a la mañana!

Maître Pierre: - ¡Su hijo le ha quizás farfullado confidencias en la almohada!

Yvonne: - ¡Oh!

Maître Pierre: - ¡Qué, oh!...

Yvonne: - Me lo ha había prometido, prometido que nunca utilizaría ese "su".

Maître Pierre: - Hay por tanto que creer que esa expresión se me ha escapado. Bueno, vuestra rareza no merece que descuide así su cocina.

Yvonne: - Y además, ¿qué hace aquí a esta hora?

Maître Pierre: - ¡Eh! ¡Pues claro! Estoy en mi despacho. Espero clientes.

Yvonne: - ¿Y no tenía una cita con el castellano?

Maître Pierre: - ¡Oh, vaya! (*mira su reloj*) Me largo... Dígale a Florence que terminaremos el dosier a mi vuelta...

Yvonne: - Naturalmente... Florence conoce suficientemente bien su trabajo como para que no tenga que precisarle nada...

Él se encuentra a u metro de la puerta que da al exterior cuando Florence, enfadada, abre la puerta de la secretaría, llevando en la mano derecha el dosier.

Maître Pierre: - Florence, tengo una cita con el castellano... Perdóneme...

El notario sale rápidamente.

Yvonne: - Entra en el despacho del notario como en un molino, sin llamar.

Florence: - Pero si he llamado, doña Yvonne. Quizás debería consultar a un especialista.

Yvonne: - ¡Oh!

Florence: - Quería decir "cierto", supongo. Vea entonces a un audioprotesista.

Yvonne: - ¡Oh! Decididamente, parece que hoy no pasará nada bueno. Mis cálculos astrológicos son exactos una vez más. Puesto que es así, ¡comerá lo que encuentre, yo me voy a acostar de nuevo!

Florence: -¡Lo va a hacer!

Yvonne: - Sí Florence... La última vez que mis cálculos astrológicos dieron 124... ¡Oh, no! ¡Oh, Dios mío! ¿Qué desgracia nos va a caer encima ahora?

Florence: - ¿Qué paso entonces?

Yvonne: - A veces es demasiado curiosa, hija mía.

Yvonne da un paso en dirección a la puerta.

Florence: - Fue la mañana del pozo.

Yvonne vacila. Se da la vuelta.

Yvonne: - ¿Decía?

Florence: - Le hacía una pregunta... ¿La jornada 124, era la del pozo?

Yvonne: - ¡Dios mío! ¡Dios mío! (*se desmorona en una silla*)

Florence, *intenta que vuelva a hablar (dulcemente)*: - El pozo...

Yvonne: - ¡Quién te ha hablado del pozo!

Florence: Usted, Yvonne.

Yvonne: Nunca os he dicho nada.

Florence: Justamente, habría que explicarme, si no imagino.

Yvonne, *se levanta*: ¡Nunca imagine Florence! Todo el mundo tiene sus secretos. ¡Dios mío! Y dirás a los hombres que no me encuentro bien, que no hay que molestarme.

Yvonne sale.

Florence, *se sienta en el sillón del notario*: - ¡Quizás debería salir por patas y abandonar esta casa de locos!... ¡Ah, no!... ¡Y mucho menos en el momento en el que todo se va arreglar! ¡Más le vale cambiarme esa pequeña frase! ¡Pero más nos vale darnos prisa en pasar una noche juntos! (*Florence sonríe*) Si en dos siglos alguien destierra a esta familia para test de ADN, ¡menudo embrollo! Pero bueno, ¡todo el mundo será feliz! ¡La felicidad en la ignorancia! Marcel se preguntará cómo ha conseguido hacerme un hijo pero ¡estará loco de alegría! ¡Pierrot va a triunfar! ¡Y yo! ¡Soy la reina Maquiavelo! ¡Y además enamorada! ¿Y si además fuese recíproco? ¡Pobre notario! ¡Una vez más, cornudo! ¡Esta vez con su escritor favorito!.. ¡Tenía tanta necesidad de ser consolada!.. Los hombres son realmente ciegos e inocentes. Además, esperar a esta zorra incapaz de permanecer fiel tres meses en Etiopía, cuando yo estoy tan cerca ... ¡Qué gran dinámica!

Eres mi amigo, mi amor, mi amimor. - ¡Ah! Si nuestros mimos pudiesen volverse cotidianos... Tranquilízate Flo... Por ahora nadie debe adivinar este amor clandestino... Me divorciaré con un pastón y viviremos juntos, mi escritor adorado. Mi amimor, viviremos nuestro Amor a diario, no te preocupes, podemos decir o escribir cariño o mi amor a otros y continuar nuestra gran dinámica. No pueden entendernos...

Llaman a la puerta

Florence: - Está abierto.

Entra Marcel (muy afeminado).

Marcel: - ¡Oh, Flo! ¡Tú en el gran sillón de padre! ¡Oh, Flo! ¡Si te viese!

Florence: -¡Tengo tanto derecho como él a este puesto!

Marcel: - ¡Oh, Flo!

Florence: - Finalmente, maître Pierre nunca ha obtenido ningún título y todo el mundo le cree notario.

Marcel: - ¡Oh, Flo! Padre detesta que se le llame así, lo sabes bien.

Florence: - Qué pasa, ¡"maître Pierre" tiene swing!

Marcel: - En su época, lo sabes bien, todos oficios se aprendían ejerciendo. Más bien hay que admirar su carrera.

Florence: - ¡Realmente le admiras! ¿De verdad? Entre nosotros, en el secreto de este confesionario improvisado.

Marcel: - ¡Oh, Flo! ¿Estás de broma? Haber mantenido vivo este despacho en el campo, es una verdadera hazaña, lo sabes bien.

Florence: ¿Me amas?

Marcel: - ¡Oh, Flo! ¿Qué pasa?

Florence: - Nunca me escribes cartas de amor.

Marcel: - ¡Oh, Flo! Sabes bien...

Florence: - Hacía tanto tiempo que no habíamos hecho el amor.

Marcel: -¡Hacer el amor!

Florence: - ¡Qué encanto! ¡Ya no te acuerdas!

Marcel: - ¡Oh, Flo! ¡Pero si!..

Florence: - ¡Realmente estabas borracho!

Marcel, *confundido:* - Decía... Hacer el amor... Es muy normal para una joven pareja...

Florence: - Pero es raro.

Marcel: -Raro, raro... ¿Tu lo cuentas?

Florence: - Con los dedos de una mano es suficiente.

Marcel: - Oh, Flo... Sabes que cansado, exprimido estoy, todo el día en la carretera... Y esta historia del despacho me perturba... sabes bien que necesito al menos nueve horas de sueño. Me pregunto realmente porque padre no quiere que seamos asociados. No pido nada extraordinario. Los colegas tienen sonrisitas desagradables cuando me preguntan.

Florence: - Bastaría con que no le dejases elección.

Marcel: ¡Ya me gustaría verte!

Florence: - Es fácil: llego, me siento en el

escritorio, le miro directamente a los ojos, tararreo "tin tin tin" .

Marcel: - ¡Sabes bien que nadie puede aguantarle la mirada!

Florence: - Un tal Ternoise lo ha hecho.

Marcel: - Eso no le ha hecho feliz. Nunca tendrá su acera.

Florence: Yo también, si quiere, aguanto su mirada, al viejo.

Marcel: - ¡Oh, Flo!

Florence: - Entonces, le dices: "puesto que quieres trabajar hasta los 96 años, voy a tomar un despacho en Cahors" .

Marcel: - Y si me responde "buena suerte, criatura" .

Florence: - ¡Eh, pues! ¡Nos vamos a Cahors! Pero nunca osará asumir ese riesgo (*sonrisa*), sabe bien que te bastarían algunos meses para que tu despacho adquiriese más importancia que le suyo.

Marcel: - Nunca osaría. Y sabes bien que nunca haría nada que pudiese contrariarlo.

Florence: -Tienes la posibilidad más radical: te tragas media botella de whisky y le coges por la corbata, le gritas al oído "firmas o te parto la cara" .

Marcel: - ¡Oh, Flo! ¿De donde sacas todo eso? ¡A veces me haces temblar!

Telón

N. del T. "Sólo se ve bien con el corazón, lo esencial es invisible a los ojos".

Acto 3

Mismo decorado. El notario detrás de su escritorio. Florence, embarazada, sentada en una silla a la derecha del escritorio.
Delante del escritorio, sentada: La señora alcaldesa del pueblo y Stéphane Ternoise. Florence, lo más discretamente que puede, le devora regularmente con los ojos.
La señora alcaldesa firma las hojas de un carpeta verde.

La señora alcaldesa: - Bueno, todo está en orden. Un última firma. Otra buena cosa hecha.

Maître Pierre: - Florence ha redactado el acta, por lo tanto está perfecta. Para nosotros, un acta como ésta, es la rutina, nuestro pan de cada día.

La señora alcaldesa: - Finalmente, estoy satisfecha de que este asunto se acabe... (*girándose hacia Stéphane*:) creo que algunas páginas de Internet van a ser positivamente modificadas.

Stéphane Ternoise: - Sabe… No soy propietario del conjunto de las páginas web del planeta. Ni siquiera de las del espacio francófono. Es más, ni siquiera en el cantón, ¡las voces divergentes pueden expresarse! Internet es un espacio democrático, raramente presente en democracia.

La señora alcaldesa, *sonriendo:* - Confío en usted. Creo que sabe muy bien a que páginas me refiero. Nuestra ciudad necesita una entente cordiale, mi papel es también de apaciguar las relaciones.

Stéphane Ternoise, *sonriendo:* - Ya sabe que un escritor utiliza su vida como fuente de inspiración. Imagine que un día me pongo a hacer teatro y que una de mis obras representa a la señora alcaldesa y al señor notario de un pequeño pueblo de Quercy.

Maître Pierre: - Eso sería desleal, señor.

Stéphane Ternoise, *muy jocoso*: - Naturalmente sé que la lealtad es uno de los pilares de su orden.

Maître Pierre: - Estoy muy feliz de oírle recordarlo.

Stéphane Ternoise: - Pero el escritor no tiene que plegarse a las apariencias, a las contingencias, al vasallaje, puede exponer el nudo negro de su vida y de la de los demás. Cada profesión tiene sus grandezas y sus bajezas.

La señora alcaldesa: - La vida me ha enseñado que siempre es preferible no generalizar.

Stéphane Ternoise: - Entonces, ¡generalicemos! Pues todos los oficios rezuman una deformación profesional, los escritores profundizan en su vida, los viticultores verifican de la mañana a la noche si su vino envejece bien, los institutrices forman niños, los funcionarios refunfuñan e incluso hay profesiones en las que sistemáticamente se intenta obtener un poco de dinero en efectivo.

La señora alcaldesa, *levantándose*: - Ahora que todo está en orden, no le vamos a molestar más, señor...

Stéphane Ternoise, *levantándose y girándose hacia la alcaldesa*: - ¡No se preocupe, señora alcaldesa! Naturalmente, hablaba de los agricultores y su propensión a vender sin factura.

La señora alcaldesa, *sonriéndole*: - Por mi profesión, lo había pillado. Incluso hay agricultores que cada año me preguntan si no hay ningún medio de esquivar la ley. Para las subvenciones quieren facturas pero cuando se trata de expoliar al estado son los primeros. Hace muchos tiempo que pasamos a la contabilidad real y ese tipo de práctica es historia antigua. Como en numerosas profesiones.

Stéphane Ternoise: - ¡Lo que no impide a algunos intentarlo!

Maître Pierre evita reaccionar.

La señora alcaldesa: - Cuando se gana la honestidad, todo el mundo gana. (*Girándose hacia el notario, acercando su mano derecha para estrecharla*), Pierrot, nos vemos mañana en el pleno.

Maître Pierre: - ¡Si dios quiere! Nunca me he perdido un Pleno por elección propia. Incluso con 39,2 de fiebre, era fiel al puesto. Creo que un día mereceré una cita en el libro de los récords.

La señora alcaldesa: - El hombre más puntual del cantón (*se gira hacia Florence y, estrechándole la mano*:) Florence, entonces, pronto va a dejar a su suegro sin secretario.

Florence: -¡Nunca estará solo! Marcel empieza como asociado el veinticinco.

La alcaldesa, *girándose hacia el notario*: - ¡Entonces, ya está! El crío vuelve al pueblo.

Maître Pierre: - Pensaba anunciároslo en el Pleno... Florence, se me ha adelantado.

Florence: - Oh, perdone...

La señora alcaldesa: - Me guardo la información para mi. Caso "confidencial". Le cederé la palabra al final del Pleno. Si me permiten voy a preparar el champán.

Maître Pierre: - Oh, no es necesario, es el orden de las cosas, no hagamos todo un acontecimiento.

La señora alcaldesa: - Ya conoce mi opinión: "nunca hay que desaprovechar la oportunidad de brindar, así se acerca la gente, se restablece la sensación de pertenecer a una comunidad, en una palabra, la amistad" .

Stéphane Ternoise, *voz débil, durante la respiración de la alcaldesa*: - ¡Sobre todo cuando es pagado por la colectividad! (*La señora y maître Pierre hacen como si no lo hubiesen oído y Florence sonríe*)

La señora alcaldesa: - En fin, volveremos a hablarlo y decidirá.

Stéphane Ternoise: - Todo es para bien en el mejor de los mundos

Maître Pierre, *muy sonriente*: - ¡Usted lo ha dicho!

Stéphane Ternoise, *estrechando la mano del notario*: - Es la réplica de un amigo, el Señor Voltaire. Un buen hombre.

Maître Pierre: - Lo dudaba.

Stéphane Ternoise, *estrecha la mano de Florence* (*están confundidos*): - Señora.

Florence, *reteniendo su mano más de lo necesario:* - ¿Entonces va a escribirnos una obra de teatro?

Stéphane Ternoise: - No por ahora… Era una reflexión de circunstancia… Sigo fiel a la vieja novela. Cuando no sentimos bien en un lugar, tenemos dificultades para cambiar, además eso nos puede dar miedo, tenemos dificultades para dejarlo… (*cada vez más confundido*) por lo que no me serviría para nada ir a divertirme al teatro… Tengo mis hábitos. Todos tenemos nuestro hábitos. El teatro contemporáneo no interesa a nadie.

Florence: - Sin embargo, creo que podría hacer grandes cosas en el teatro. Alguien ha escrito que tiene el don del diálogo.

Stéphane Ternoise: - ¡Debería ser uno de mis pseudónimos! Como Stendhal que ha firmado bajo doscientos nombre, suplo a los periodistas seguramente muy ocupados en otro lugar. Quizás un día cambiaré de vida, cambiaré de género… Y terminaré mi vida fiel al teatro…

La alcaldesa, que lanzaba miradas discretas al notario, abre la puerta.

Florence: - La literatura es mi jardín secreto.

Stéphane Ternoise, *sonriendo*: - Entonces es usted una excepción en el cantón. Aguante, la literatura es la verdadera vida... Y si un día desea ser miembro del jurado de salondulivre.net... Sólo tiene que pasar a verme.

Florence: - ¡Oh, gracias!... Pero dudo estar a la altura del jurado de un premio literario... Soy una simple lectora...

Stéphane Ternoise: - Leer permite conservar una cierta humildad... Pero a veces hay que saber aprovechar las ocasiones que se presentan.

La señora alcaldesa: - Discúlpeme, pero me esperan en el despacho.

Stéphane Ternoise: Le sigo, Señora alcaldesa, incluso si nuestros caminos son opuestos.

La señora alcaldesa: - Pasen un buen día, amigos.

Maître Pierre: - Igualmente, Christine.

Stéphane sale con la alcaldesa, cierra la puerta.

Maître Pierre: - ¡Creía que no se iría nunca! ¡Ha exagerado Florence! ¡No cree que obligarme a retirar mi veto en el ayuntamiento ya era suficiente!

Florence: -Yo también deseo hacer cualquier cosa para apaciguar las tensiones en nuestro país. Es nuestro deber trabajar para la unión de la nación *(se la oye de lejos)*

Maître Pierre: - ¿Estás bien?

Florence: - No todos los días se tiene la suerte de hablar con un escritor.

Maître Pierre: - Acaso va a hacerme creer que su conversación le interesaba.

Florence: -Admiro a las personas que viven de pie.

Maître Pierre: - Escritor, escritor, eso dice. - En cualquier caso, vive de la renta básica. Quizás eso permita darse un género, escritor, pero eso no alimenta al hombre.

Florence: - ¡Pero la eternidad le pertenece! Quien se acordará de nosotros en 200 años, mientras que Molière, Racine, Hugo, Voltaire, Auster, son eternos.

Maître Pierre: - Es verdad que ha estudiado literatura. En todo caso, yo prefiero vivir como vivo antes que en la miseria como ese chupatintas.

Florence: - Hace falta una cierta grandeza para aceptar avanzar contracorriente.

Maître Pierre: - ¡No es una razón para vivir a expensas de la sociedad! ¡Proclama rechazar cualquier subvención pero no duda en tocarse los huevos gracias a la Renta Básica! ¡Al menos podría ser honesto!

Florence se ríe a carcajadas.

Maître Pierre: - ¡Flo!

Florence: - Perdón, no me podido aguantarme.

Maître Pierre: - ¿Y qué he dicho que es tan divertido?

Florence: - La palabra honesto, en su boca.

Maître Pierre: - ¡Oh! ¡Flo! ¿Cómo me consideras?

Florence: Además, es una replica de su escritor favorito. Cuando sale a escena y se burla.

Maître Pierre: - ¡Porque además compra sus libros!

Florence: - ¡Con mi dinero!

Maître Pierre: - ¡A ti, tu marido debería vigilarte! ¡Creo que está demasiado a menudo ahí arriba!

Florence: - ¡Oh! ¡Camino! Sólo he ido a la pueblo una vez. Y era justamente para comprar su tercer libro. Porque he leído una excelente crítica en Internet. ¡No vas a reprochar a una embarazada que camine!

Maître Pierre: - Claro que no, mi Flo. Era sólo para pincharte. Incluso por una gloria póstuma, no cambiaría mi plaza por la suya... Soy el hombre más feliz del mundo... Acércate mi dulce, mi flor, mi sol, para que acaricie a nuestro niño. ¡Yo también me vuelvo poeta!

Florence: - No aquí, lo habíamos acordado.

Maître Pierre: - ¿Dónde, entonces? Soy el papa de esa cosita que parece bastante vigorosa.

Florence, *apiadada, se acerca*: - Venga, una mano

> *El notario, la mano izquierda sobre la tripa de su nuera está en la gloria.*

Llaman a la puerta. Entra Yvonne. El notario, en su éxtasis, no había oído llamar a la puerta. Se sobresalta, como pillado en falta.

Yvonne: - ¡Oh!... Por mucho que el notario sea su suegro, no creo que esta actitud sea conveniente.

Maître Pierre, *enfadado de pronto*: - Señora, me joroba.

Yvonne: - ¡Oh!

Maître Pierre: - ¡Es la primera vez en mi vida que toco la tripa de una mujer embarazada! ¡La primera! ¡Con sesenta y cinco años! Hay ciertos temas sobre los que le rogaría que diese treinta y siete vueltas a su lengua antes de abrir la boca. ¡Y que no abordemos más el tema! ¡Silencio!

Yvonne: - Dios mío (*junta las manos*) 124... 124... Mis cálculos astrológicos están en 124.

Florence, *sonriendo*: - Es la tercera vez este año que entra en pánico por sus cálculos... Y que yo sepa, las dos primeras veces, le tierra no ha dejado de girar. ¡Es más gira sin desviarse de su ruta!

Yvonne: - Hija mía... Hija mía... Que Dios te perdone... NO lo sabe todo... Felices los inocentes...

Florence la mira fijamente.

Florence, *sonriendo*: - Debería tomarse un Prozac, como le ha recetado el doctor.

Yvonne: - El doctor, oh hija mía, ¡Si supieras! ¡Advertencias! Para anunciar una espiral. Y lo ineludible avanza paso a paso... Dios mío... 124 también ha salido dos veces antes.

El notario hizo un gesto de la mano para su nuera, en dirección a su esposa, queriendo decir: está loca.

Yvonne: - No había prestado atención, la primera vez... Estaba en la edad de la ignorancia.

Maître Pierre: - Señora, está divagando. Déjenos trabajar.

Florence, *sonriendo*: - Creo que este mediodía comeremos sardinas... Afortunadamente, ¡el armario está lleno de bizcochos! Supongo, señora Yvonne, que prefiere volver a acostarse.

Yvonne: - No sonría hija mía... No ironice así hija mía... Sí hija mía... Ya no me queda nada más por hacer... No sonría... No sabe sobre quien va a caer el rayo hoy... No puedo oponerme a lo ineludible... Sin embargo, lo he intentado todo... ¡He rezado una novena, quemado cirios, rezado a San Benito, San Cristobal! Incluso he rezado a nuestro añorado Juan Pablo II, el Santo Hombre... (*junta las manos*). Me someto a tu voluntad, Señor.

Mira fijamente un cuadro (un castillo), se santigua después sale corriendo.

Maître Pierre: - Si no la conociésemos, nos deprimiría.

Florence: - Pobre mujer... ¡Donde llevan las supersticiones! ¿Pero que hay en la caja fuerte? (*señalándola con la cabeza*)

Maître Pierre: -¿Por qué me haces esa pregunta?

Florence: - Nunca te he visto abrirla... Yvonne ha mirado con tanta intensidad el cuadro, concluyo que escrutaba tras el lienzo.

Maître Pierre: - La piedra.

Florence: - ¡Oh! ¡La piedra! Guarda en ese cofre la piedra que mató a su amante.

Maître Pierre: - La escondí ahí el primer día. Por la sangre. Me gustaría tirarla al Garona. Y los años han pasado. El tiempo pasa tan rápido cuando...

Florence: Hay que hacerlo. No puede guardar esa piedra mientras Marcel...

Maître Pierre: - He realizado bien el acto de Ternoise, puedo tirar esa piedra.

Florence: -Enséñamela.

Maître Pierre: -¡Eso no!

Florence: -¿Y por qué? Puesto que la vas a tirar, tengo derecho a verla.

Maître Pierre: - ¡Olvidas tu estado! ¡Crees que me lo perdonaría si te causase un shock!

Florence: - ¡Bueno A veces tienes razón! Pero me prometes que la lanzarás hoy.

Maître Pierre: - Voy a Montauban esta tarde... Incluso creo que voy a ir ahora y regalarme el restaurante.

Florence: - Entonces comeré sardinas sola.

Maître Pierre: - Su marido debe volver este mediodía.

Florence, *sonriendo*: - ¡Me había olvidado de él!.. Entonces, le dejo prepararse.

Ella da dos pasos hacia la puerta

Florence: - Buena suerte.
Maître Pierre: - Gracias Flor... ¿te traigo una botella de Sauternes? ¿Y un poco de foie-gras?

Ella le tira un beso, sonríe y sale.

Maître Pierre: - Esta piedra no tiene nada que hacer aquí. Incluso he sido imprudente al guardarla. ¡Vivo peligrosamente! ¡Como habría explicado a ese idiota la sangre sobre una pierda de mi caja fuerte! (*sonriendo*) ¡Nadie habría osado solicitar la apertura de la caja fuerte del notario!

Mientras habla, se levanta, va a la caja fuerte, retira el cuadro, lo apoya sobre una silla, coge un llavero, abre la caja fuerte y acaricia la piedra.

Maître Pierre: - Tengo aquí suficientes secretos para provocar una guerra civil en el cantón... ¡El arma fatal!

Marcel entra sin llamar, una botella de whisky en la mano, cierra de golpe la puerta, mira hacia el escritorio y no ve al notario.

Marcel: - ¡Donde está, donde está! No está aquí, ese cabrón.

El notario le mira sin entender.

Marcel da una patada al escritorio, tira una silla. Con su botella de whisky, tira al suelo varias carpetas; se derrama en el escritorio. Se da la vuelta, da dos pasos hacia la puerta de la secretaría, y divisa al notario.
Marcel se precipita sobre él, titubeando.

Marcel: - Cabrón.

Maître Pierre: - Es a tu padre al que te diriges así. Discúlpate inmediatamente.

Marcel: - Mama me lo ha contado todo. Cabrón. Asesino.

> *Marcel agarra al notario por la corbata, le empuja contra el muro.*

Maître Pierre: - ¡Ey!, despacio… (*empuja a Marcel que continúa agarrándolo por el brazo*) Tu madre está muy perturbada esta mañana... No conoces bien a las mujeres... Pero hay periodos en los que están sujetas a ciertos vapores... (*Marcel le mira fijamente a los ojos*).

Marcel: - Cabrón, asesino.

Maître Pierre: - Has festejado tu salida de Cahors… Venga suéltame… Si no tendré que hacerte una llave de judo… Tendrás que moderarte un poco en cuanto a las bebidas cuando...

Marcel ve la piedra en la caja, empuja al notario que se golpea contra el muro, toma la piedra y arremete contra el notario, se la estrella contra la cabeza.

El notario ni siquiera tiene el tiempo de esbozar un gesto.

Maître Pierre se desmorona balbuceando "Flo".

Florence entra, grita "¡No!".

Telón - Fin.

Aviso legal

Todos los derechos de traducción, reproducción, utilización, interpretación y adaptación están reservados para todos los países, todos los planetas y todos los universos.

Web Oficial : http://www.ecrivain.pro

Obra Original : *Les secrets de maître Pierre, notaire de campagne.*

Si desea representar alguna de estas obras, contáctenos a través de nuestra página web:
http://www.ecrivain.es

Stéphane Ternoise: **Los secretos de maître Pierre, notario rural**.

Traducción: María del Carmen Pulido Cortijo.

ISBN 978-2-36541-577-4
EAN 9782365415774
Publicación: 20 de julio 2014

Dépôt légal à la publication au format ebook du 20 juillet 2014.

Imprimé par CreateSpace, An Amazon.com Company pour le compte de l'auteur-éditeur indépendant.
livrepapier.com

© Jean-Luc PETIT - BP 17 - 46800 Montcuq - France